COLLECTION

# FRÉDÉRIC HARTMANN

## TABLEAUX

# CATALOGUE

DE

# TABLEAUX MODERNES

COMPOSANT LA COLLECTION

## DE M. FR. HARTMANN

DONT LA VENTE, PAR SUITE DE SON DÉCÈS, AURA LIEU

EN SON HOTEL

## RUE DE COURCELLES, N° 18

### Le Samedi 7 Mai 1881

A TROIS HEURES.

---

## EXPOSITIONS :

| PARTICULIÈRE | PUBLIQUE |
|---|---|
| *Le Jeudi 5 Mai 1881,* | *Le Vendredi 6 Mai 1881,* |

DE UNE HEURE A CINQ HEURES

---

| COMMISSAIRE-PRISEUR, | EXPERT, |
|---|---|
| Mᵉ CHARLES PILLET | M. GEORGES PETIT |
| Rue Grange-Batelière, 10. | Rue Saint-Georges, 7. |

*Chez lesquels se distribue le Catalogue.*

# CONDITIONS DE LA VENTE

Elle sera faite au comptant.

Les adjudicataires payeront *cinq pour cent* en sus des enchères.

Paris. — Imp. PILLET et DUMOULIN, 5, rue des Grands-Augustins.

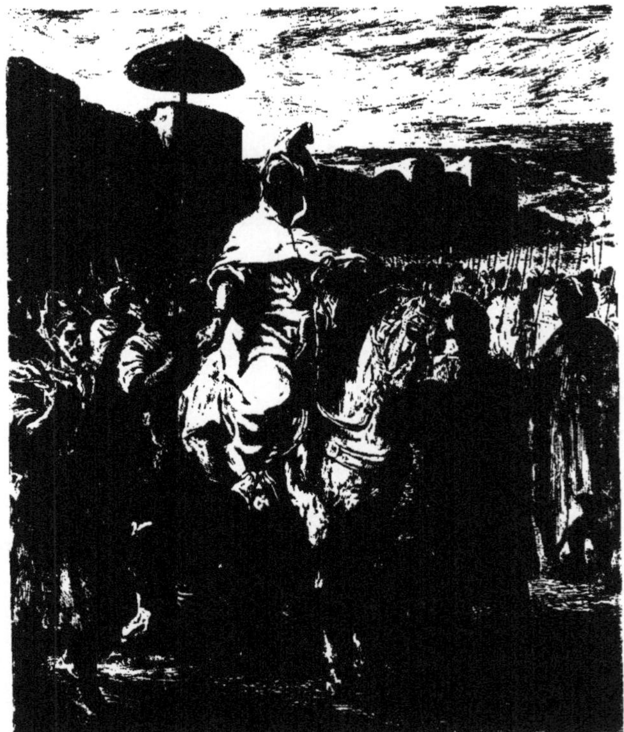



L'Empereur du Maroc

# DÉSIGNATION

## DELACROIX

(EUGÈNE)

### 1 — *L'Empereur du Maroc.*

L'empereur, drapé dans son burnous blanc,
monte un cheval gris pommelé richement capa-
raçonné.

Entouré de sa garde et de ses principaux offi-
ciers, il sort de son palais, suivi d'un esclave por-
tant un parasol.

Toutes les troupes qu'il va passer en revue se
tiennent sous les armes, en costumes brillants,
devant les murs du palais.

Delacroix a reproduit, dans ce tableau, le céré-
monial auquel il assistait dans un de ses voyages
au Maroc.

*Gravé par Lurat.*

Haut., 65 cent.; larg., 85 cent.

# 4

# DELACROIX

## (EUGÈNE)

2 — *Lion attaqué.*

Ployé sur les jarrets, un superbe lion, la crinière hérissée, l'œil étincelant, pousse des rugissements et s'apprête à bondir sur un ennemi caché. Derrière lui, un fond de montagnes bleuâtres et un ciel gris.

*Gravé par Courtry.*

Haut., 27 cent.; larg., 34 cent.

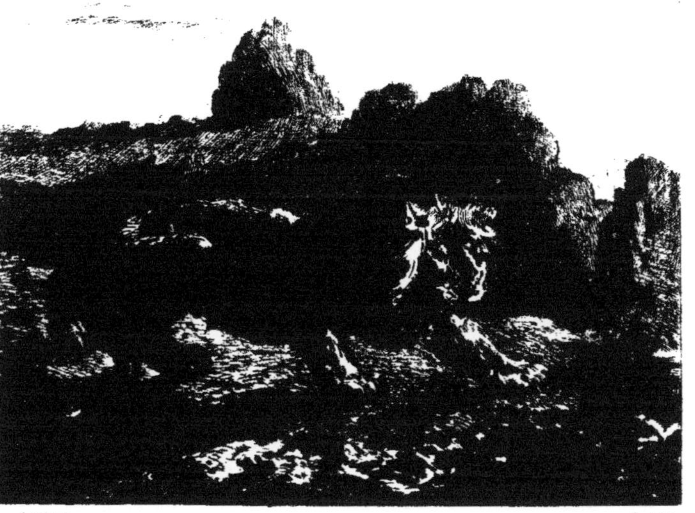

Eug Delacroix
Lion attaqué

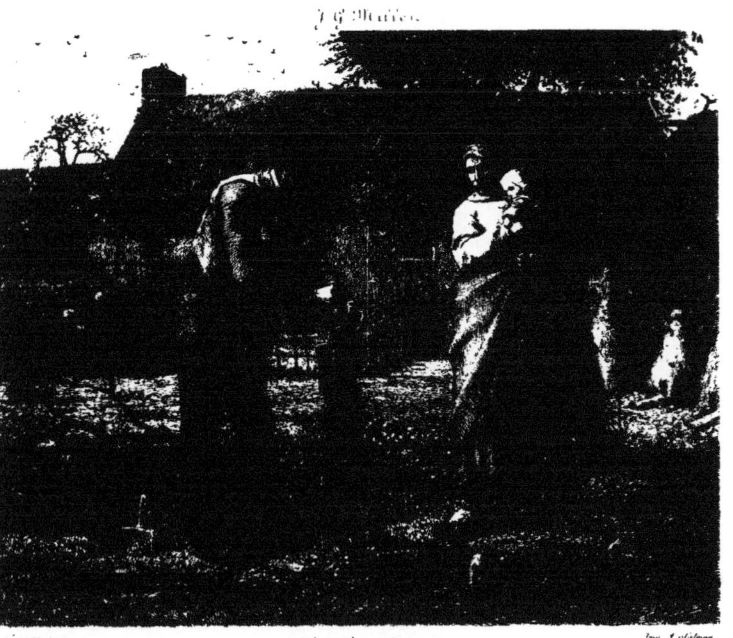

J. G. Millet.
Le Greffeur

# MILLET
## (J. F.)

### 3 — *Le Greffeur.*

Lorsque ce tableau parut à l'exposition univer-
selle de 1855, Théophile Gautier lui consacra
une page éloquente dont nous extrayons le pas-
sage suivant :

« Le paysan greffant un arbre est une composition d'une extrême simplicité, qui n'attire pas
les regards, mais les retient longtemps, lorsqu'ils
sont une fois fixés sur elle. Au milieu d'un verger, dont une chaumière occupe le fond, un
homme, vêtu d'un gilet de tricot et d'un pantalon
de grosse étoffe, insère la greffe dans l'incision
d'un jeune tronc d'arbre coupé à mi-hauteur,
avec tout le soin que demande cette délicate opé-
ration. A côté de lui, une corbeille posée à terre
contient les choses nécessaires à son travail : sa
femme, ayant un nourrisson au bras, le regarde
d'un air intelligent et grave. La femme n'est pas
jolie, certes : la beauté des paysannes passe vite
aux fatigues de la vie rurale ; mais il y a dans
sa tête une expression pensive et touchante, dans
sa pose une grandeur tranquille, et le coin de
son tablier relevé lui fait une draperie, dont le
pli souple et bien jeté se pourrait tailler dans le
marbre.

« L'homme, tant il sent l'importance de ce qu'il fait, a l'air d'accomplir quelque rite d'une cérémonie mystique et d'être le prêtre obscur d'une divinité champêtre; son profil sérieux, aux lignes fortes et pures, ne manque pas d'une sorte de grâce triste, tout en gardant le caractère paysan: une couleur sourde et comme étouffée à dessein revêt cette scène de ses larges teintes où ne papillotte pas un seul détail, et enveloppe les personnages comme un épais tissu rustique. Que l'art est une singulière chose ! Ces deux figures mornes sur ce fond grisâtre, accomplissant un fait vulgaire, vous occupent et vous font rêver, lorsque les idées les plus ingénieuses, adroitement rendues, vous laissent froid comme glace. C'est que Millet comprend la poésie intime des champs; il aime les paysans qu'il représente, et, dans leurs figures résignées, exprime sa sympathie pour eux: le semage, la moisson, la greffe, ne sont-ils pas des actions saintes ayant leur beauté et leur grandeur ? Pourquoi des paysans n'auraient-ils pas du style comme des héros? Sans doute Millet s'est dit tout cela, et il fait des Géorgiques peintes où, sous une forme pesante et une couleur assombrie, palpite un mélancolique souvenir virgilien. »

(La Vie et l'œuvre de J. F. Millet, par Alfred Sensier.)

*Gravé par Gaujean.*

Haut., 81 cent.; larg., 1 m.

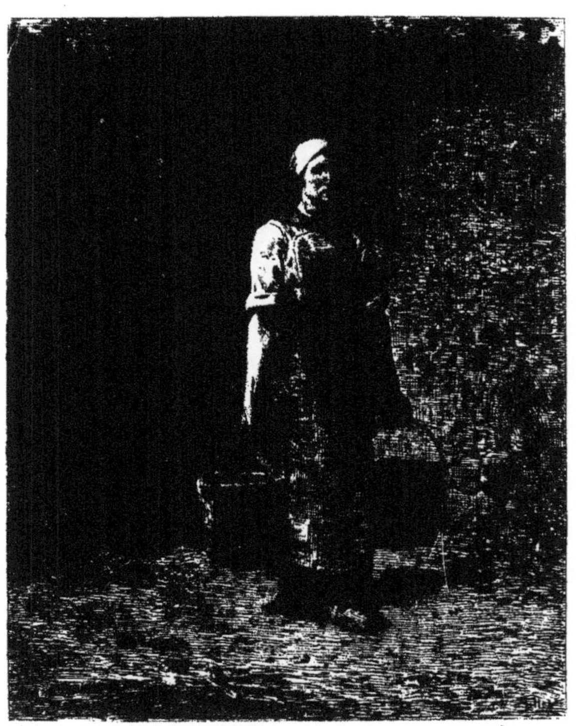

Femme venant de puiser de l'eau

# MILLET

(J. F.)

**4 —** *Femme venant de puiser de l'eau.*

Une femme vient de puiser de l'eau dans des seaux et les porte à son ménage.

L'aplomb de la femme, la tension des bras, le mouvement de la marche, sont d'une frappante vérité.

Millet a parlé de ce tableau dans la lettre suivante, adressée à Thoré, au moment où il fut exposé à la salle du boulevard des Italiens :

« Dans « *la Femme qui vient de puiser de l'eau* », j'ai tâché de faire que ce ne soit ni une porteuse d'eau ni même une servante, mais la femme qui vient de puiser de l'eau pour l'usage de sa maison, l'eau pour faire la soupe à son mari et à ses enfants; qu'elle ait bien l'air de n'en porter ni plus ni moins lourd que le poids des seaux pleins; qu'au travers de l'espèce de grimace qui est comme forcée à cause du poids qui lui tire sur les bras, et du clignement d'yeux que lui fait faire la lumière, on devine sur son visage un air de rustique bonté.

« J'ai évité, comme toujours, avec une espèce
d'horreur, ce qui pourrait regarder vers le senti-
mental ; j'ai voulu, au contraire, qu'elle accom-
plisse avec simplicité et bonhomie, et sans le
considérer comme une corvée, un acte qui est,
avec les autres travaux du ménage, un travail de
tous les jours et l'habitude de sa vie. Je voudrais
aussi qu'on imaginât la fraîcheur du puits et que
son air d'ancienneté fît bien voir que beau-
coup avant elle y sont venus puiser de l'eau. »
1860.

(La Vie et l'œuvre de J. F. Millet, par Alfred
Sensier.)

*Gravé par Courtry.*

Haut., 1 m.; larg., 80 cent.

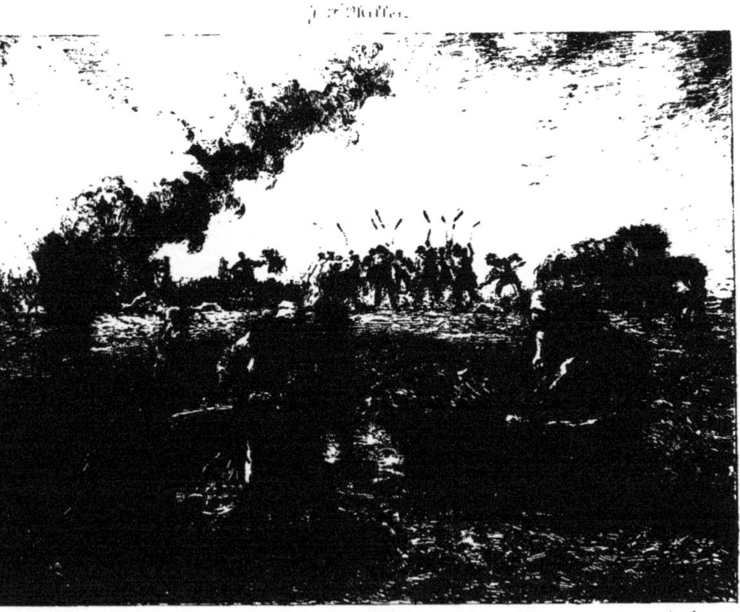

La récolte du Sarrazin

# MILLET

## (J. F.)

5 — *La Récolte du sarrasin (Basse-Normandie.*

« On bat le sarrasin, le cidre est fait, c'est un jour de plaisir et de liesse. D'un coup d'œil vous saisissez toutes les opérations de la récolte : le sarrasin coupé, lié, transporté, battu, vanné, son grain trié et sa paille brûlée sur place pour préparer les cendres de la lessive.

« Que ce tableau est vibrant et clair, et que la composition en est admirable, depuis ces femmes du premier plan, ramassant les javelles plantées debout dans les chaumes du champ fauché, jusqu'à ce groupe lointain de batteurs qui couronne l'horizon, harmonieux comme une strophe d'ode ! »

(Théophile Silvestre, 1875.

*Gravé pour la Gazette des Beaux-Arts en* 1875.

Haut., 85 cent.: larg., 1 m. 10.

# MILLET

(J. F.)

## 6 — *Les Meules.*

Novembre est arrivé et la récolte est mise à l'abri. Trois grandes meules, éclairées par un pâle rayon de soleil, se dressent dans la plaine à une petite distance du village situé à droite.

Un troupeau de moutons, gardé par une bergère, broute dans les champs.

A gauche, la plaine de Barbizon s'étend à perte de vue sous un ciel balayé par une bise déjà froide.

Des nuées d'alouettes voltigent autour des meules où elles viennent s'abattre.

*Gravé par Champollion.*

Haut., 85 cent ; larg., 1 m. 10.

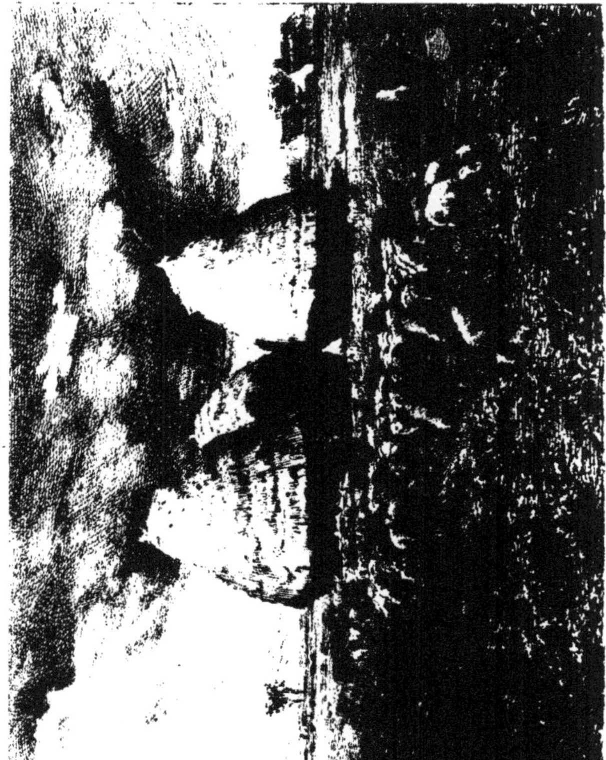

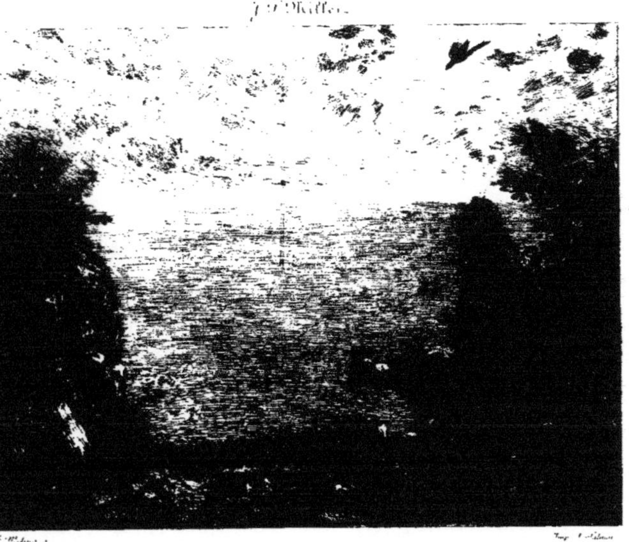



Les falaises à Gruchy

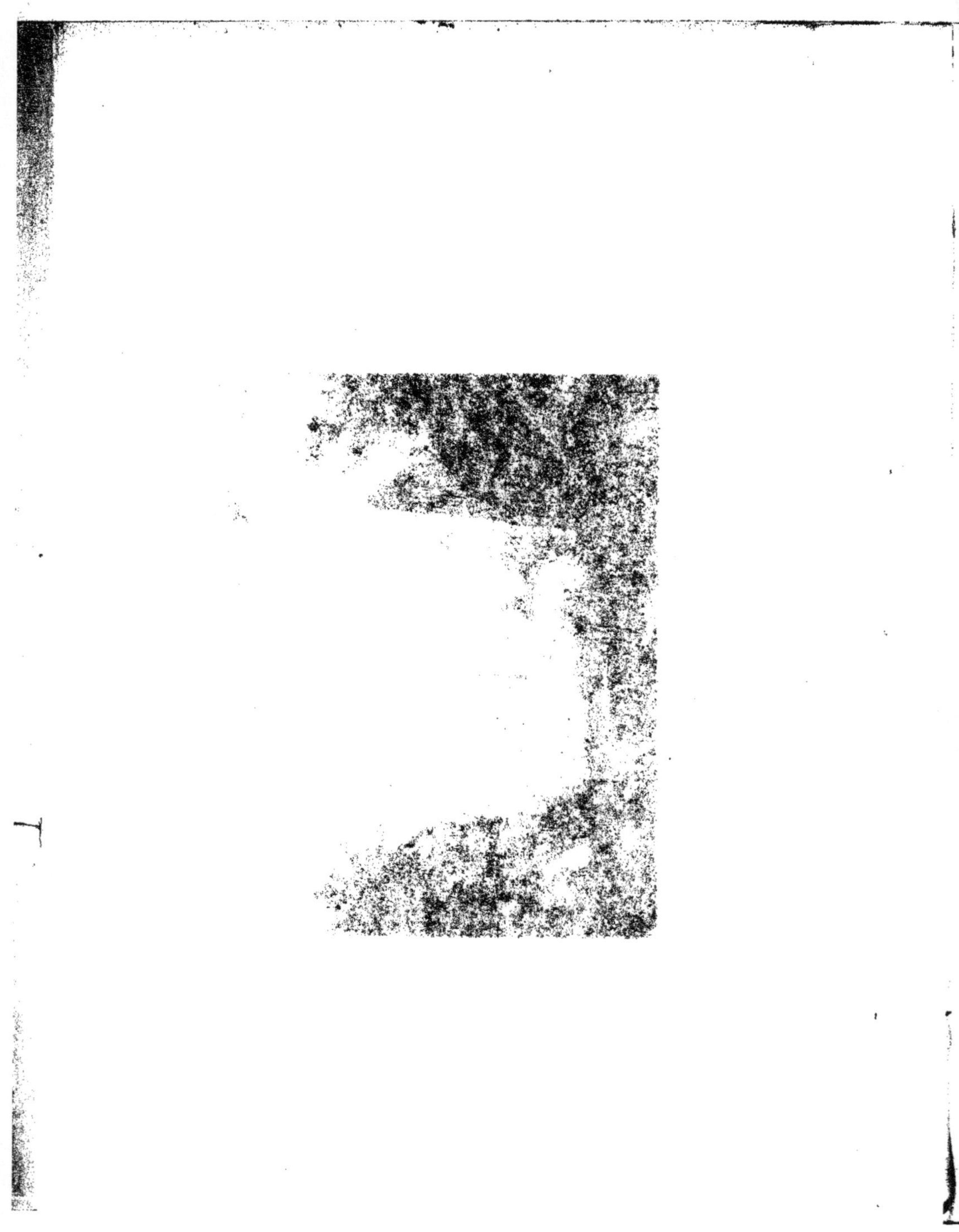

# MILLET

(J.-F.)

## 7 — *Les Falaises à Gruchy*.

C'est un souvenir du pays de Millet.

Par une belle matinée d'été, la mer apparaît entre les montants de porte d'une barrière ouverte sur des terrains descendant vers le rivage.

Quelques vaches paissent dans l'enclos. On ne leur voit que la tête, ce qui a permis au peintre d'exprimer le mouvement des pentes et la structure du sol. Les premiers plans, peints avec une puissance extraordinaire, font valoir la finesse du ciel et de la mer éclairés par le soleil levant.

*Gravé par Milius.*

Haut., 74 cent.; larg., 92 cent.

# MILLET

## (J. F.)

## 8 — *Paysan étalant du fumier.*

Au milieu d'un paysage solennel et déjà refroidi par les premières atteintes de novembre, un paysan au teint hâlé étale du fumier.

En bras de chemise, nu-tête, de gros sabots aux pieds, il tient une fourche dans ses mains rudes et travaille en silence.

Ses vêtements sont accrochés au manche d'une fourche plantée dans un des nombreux tas de fumier qui couvrent la campagne.

A quelque distance de lui, sur la droite, une charrette attelée de deux chevaux se détache sur l'horizon éclairé par quelques rayons d'un pâle soleil.

Le ciel chargé de nuages sombres donne l'aspect d'une triste journée d'hiver. Çà et là, volent des bandes d'oiseaux qui vont s'abattre dans les sillons fraichement retournés.

Ce tableau, qui a appartenu à Th. Rousseau, date de 1854.

*Gravé par Mongin.*

Haut., 82 cent.; larg , 1 m. 10.

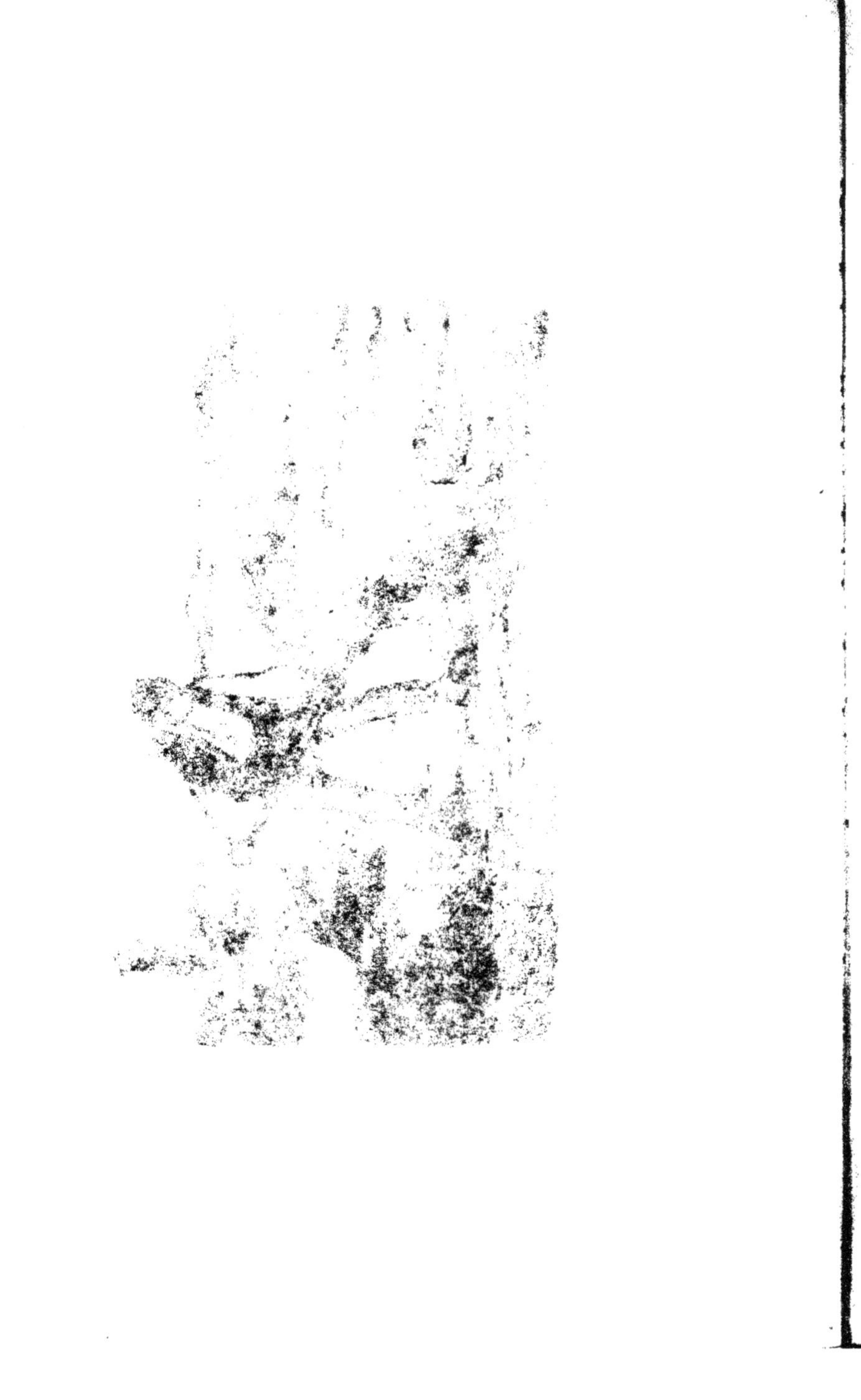

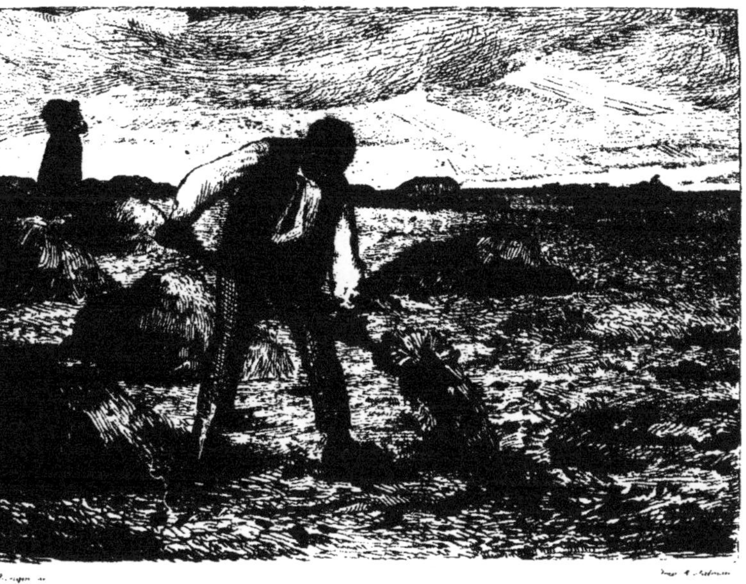



Paysan étalant du fumier

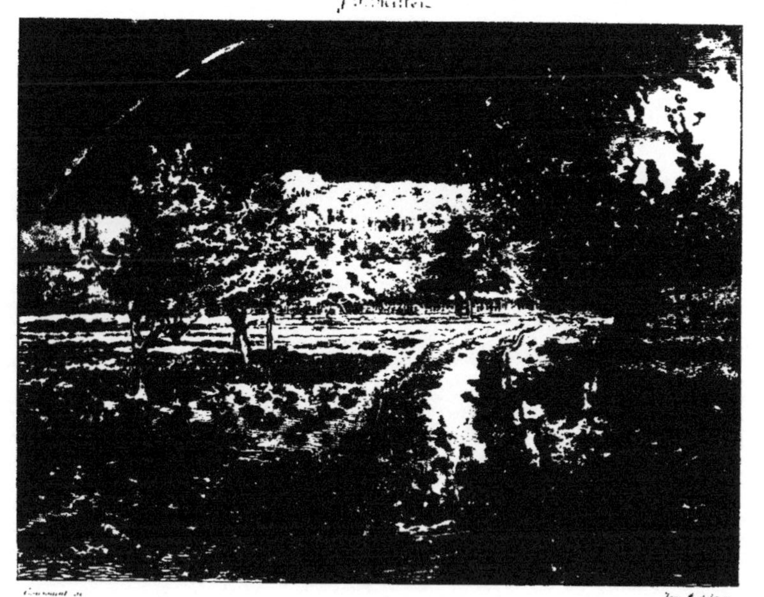

J. F. Millet
Le Printemps

# MILLET

## (J. F.)

### 9 — *Le Printemps.*

L'orage a cessé et l'arc-en-ciel apparait au milieu des nuages sombres qui se divisent.

Un sentier, semé d'herbes et de fleurs des champs, longe les pommiers en fleurs, traverse les champs cultivés et conduit au village dont on aperçoit les toits de chaume au milieu du feuillage.

Le soleil vient de reparaître et éclaire la campagne encore toute humide.

Charmante impression de printemps dont Millet a pris le motif derrière sa maison à Barbizon.

*Gravé par Toussaint.*

Haut., 85 cent.; larg., 1 m. 10.

# MILLET

## (J. F.)

### 10 — *Femme étendant du linge.*

Au milieu d'un verger où pousse une herbe épaisse, sont disséminés de nombreux arbres fruitiers.

Assis au pied de l'un d'eux, un petit paysan joue avec son jeune frère qu'il tient dans les bras.

Plus loin, sa mère étend du linge près de la barrière qui ferme l'enclos.

Vente Millet, 1875.

*Gravé par Vion.*

Haut., 25 cent.; **larg., 35 cent.**

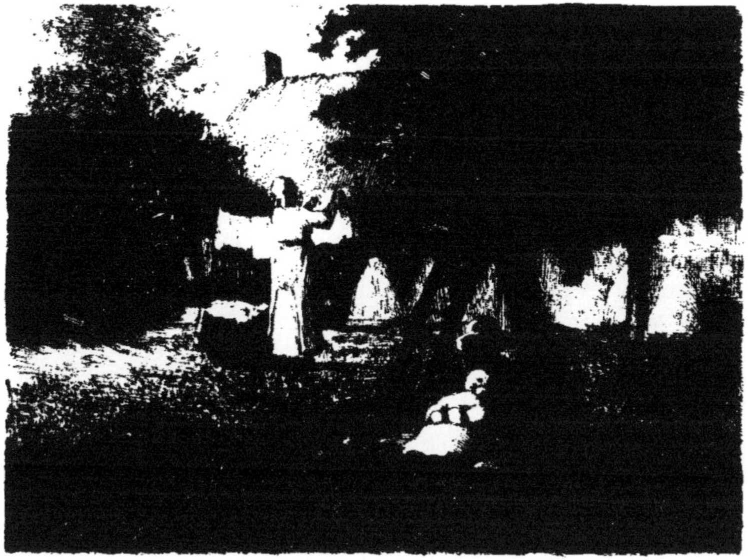

J.F. Millet.

# MILLET

## (J. F.)

11 — *Tentation de saint Antoine.*

Le saint est agenouillé. D'une main, il se voile
la face; de l'autre il semble, par un geste d'épou-
vante, repousser la femme qui apparaît toute nue
devant lui. Deux autres femmes s'efforcent de lui
troubler les sens.

Dessin rehaussé de pastel.

# ROUSSEAU

## (THÉODORE)

12 — *Le Marais dans les Landes.*

C'est en 1849 que Th. Rousseau, voyageant avec Jules Dupré, conçut la première pensée de ce merveilleux tableau.

Au milieu d'une grande plaine semée de marécages, de prairies incultes, de flaques d'eau, et de végétations appauvries, chemine un troupeau de vaches. Les unes sont encore sur une chaussée qui traverse le marais; d'autres sont engagées au milieu des herbes pour gagner un petit bois de sapins situé à droite.

La plaine s'étend à perte de vue, bornée à l'horizon par la chaîne des Pyrénées, dont les pics neigeux se confondent avec les tons argentés du ciel.

Th. Rousseau a rarement rendu avec plus de vérité la transparence du ciel et l'immense étendue de la plaine; aussi ce tableau passe-t-il à juste titre pour un de ses chefs-d'œuvre.

*Gravé par G. Greux.*

Haut., 63 cent.; larg., 97 cent.

Ch. Rousseau

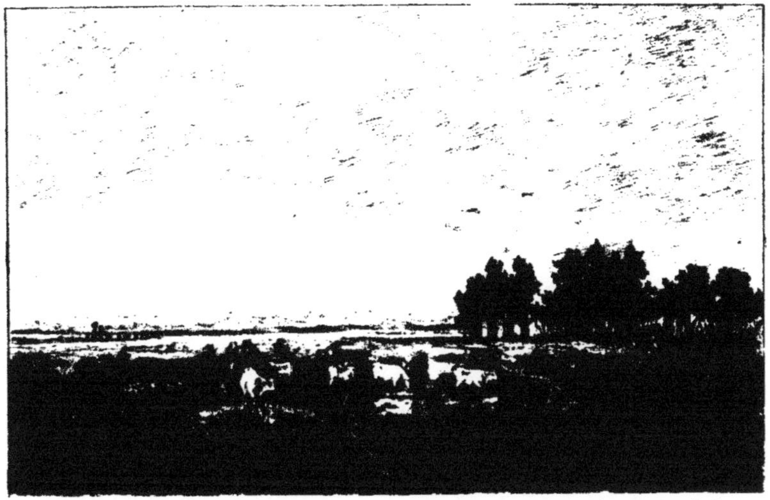

Le Marais dans les Landes

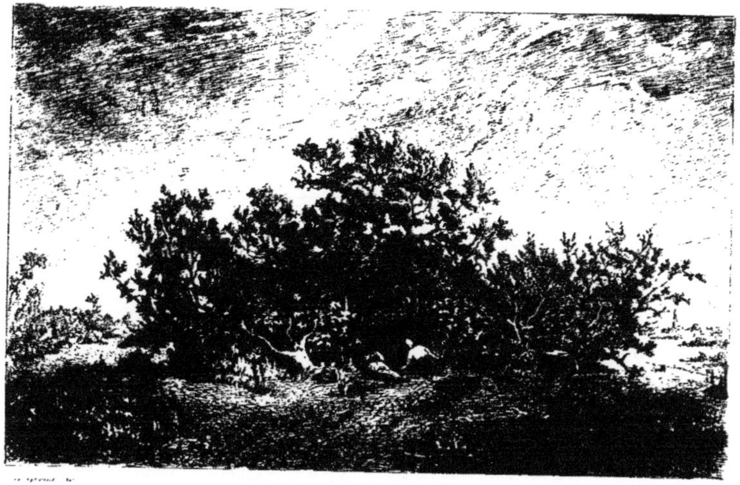

Le four communal dans les Landes

# ROUSSEAU

(THÉODORE)

## 13 -- *Le Four communal dans les Landes.*

C'est un bouquet de grands buis et de citron-
niers qui ombragent la construction basse d'une
sorte de hutte au centre de laquelle on aperçoit
l'ouverture d'un four en plein air. Une femme
accroupie sur les genoux y défourne ses pains.

Près d'elle, ses deux enfants jouent dans
l'herbe.

Derrière ce berceau de verdure on voit au loin,
dans le plein soleil, les champs cultivés et les
maisons éparses d'un village.

*Gravé par G. Greux.*

Haut., 3 cent., larg., 5 cent.

# ROUSSEAU

## (THÉODORE)

**14 — *Coucher de soleil.***

Le soleil va se coucher, et déjà toutes les masses d'arbres sont noyées dans la chaude lumière du soir.

Dans un creux de ravin apparaît une petite mare entourée d'herbes marécageuses et de roches couvertes de mousses. Plusieurs vaches y descendent pour boire avant que l'obscurité ne soit complète.

Les arbres avec leur feuillage jaunissant, l'heure et le site choisis par Rousseau, imprègnent cette toile de la plus grande poésie.

*Gravé par Gaujean.*

Ht. ..., 1 m. larg., 86 cent.

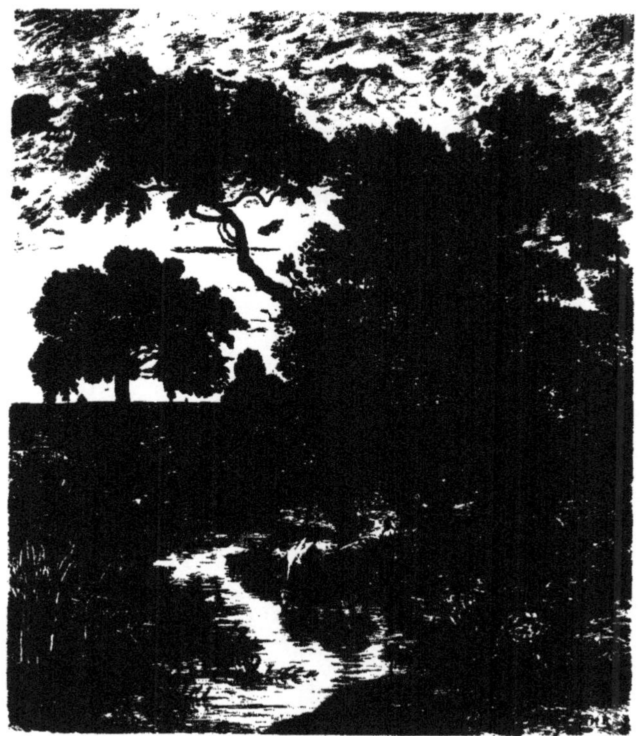

Coucher du Soleil

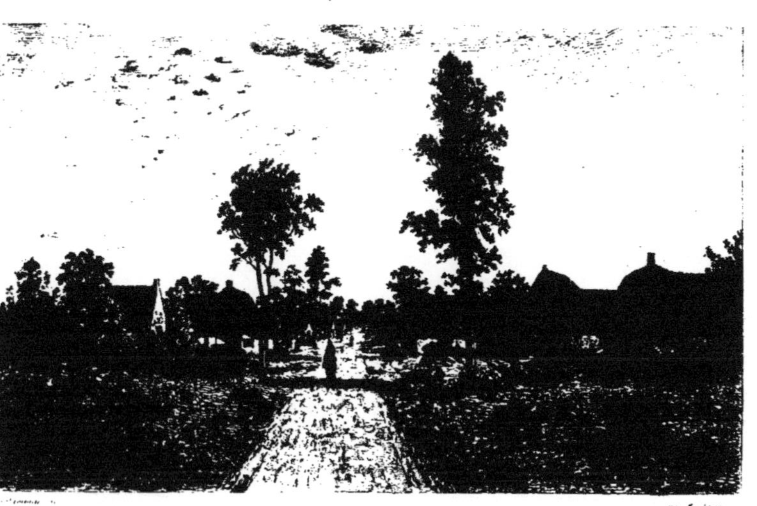


Le Village

# ROUSSEAU

## (THÉODORE)

**15 — *Le Village.***

Un large lumière chaude éclaire le village dans toute sa longueur. Des maisons grossièrement construites, avec des toits d'ardoise échelonnent de chaque côté, séparées les unes des autres par des haies.

Le ciel, parsemé sur l'horizon de larges nuages roses, est plein d'une lumière éclatante qui inonde toute la campagne.

Quelques arbres isolés se détachent sur le ciel de distance en distance jusqu'à l'extrémité de la rue fermée par un vieillard au fond... 

Un cavalier et son chien suivent la route le long des petits monticules couverts de genêts et de mousse.

*Gravé par Damman*

Bruxelles.

# ROUSSEAU

## (THÉODORE)

16 — *La Ferme dans les Landes.*

Au milieu d'un paysage boisé apparaît une habitation rustique, et à droite un grand toit de chaume, près d'une haie où sèche le linge du paysan. Dans la prairie qui entoure la maison, on aperçoit tous les animaux domestiques : chevaux, poules, oies, cochons, disséminés çà et là.

« Rousseau mit le plus grand soin à ce travail infini : il détermina avec une exacte patience tout ce qui était forme, tout ce qui était accent, tout ce bel ensemble de végétations et tout le détail pittoresque des accidents et des originalités du lieu. »

Souvenirs sur Th. Rousseau, par A. Sensier.) Salon de 1859.

*Gravé par Masson.*

Haut., 65 cent.; larg., 1 m.

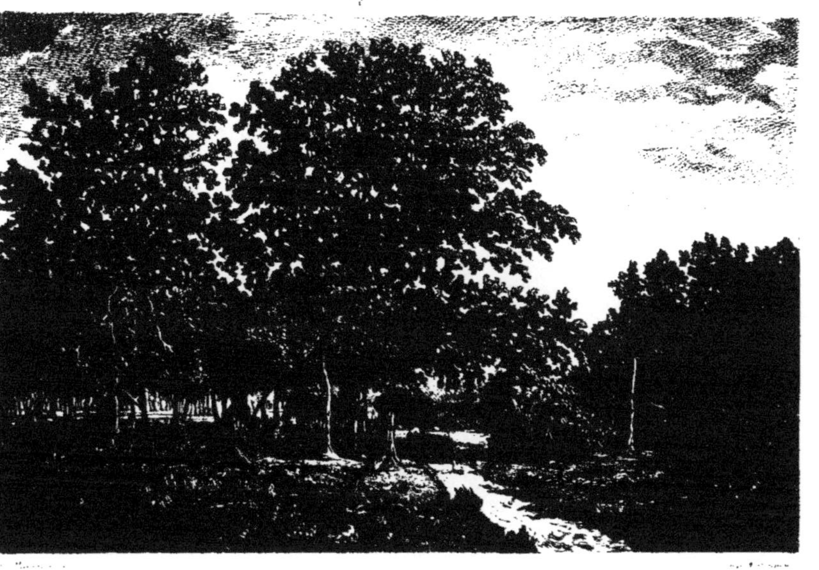
La ferme dans les Landes

Th. Rousseau

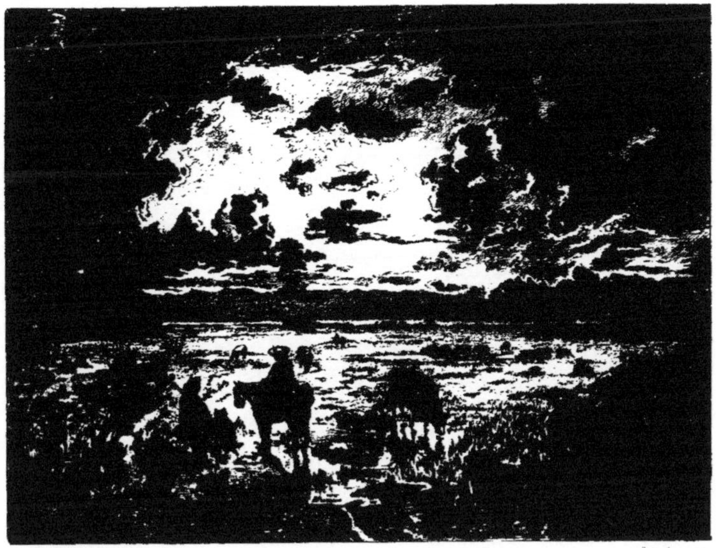

Une plaine aux Pyrénées

# ROUSSEAU

## (THÉODORE)

17 — *Une Plaine aux Pyrénées.*

Un immense pâturage entrecoupé de roches, de flaques d'eau et de plantes marécageuses, s'étend du premier plan à l'horizon fermé par la chaîne des Pyrénées.

Un berger basque, assis près de son chien, cause avec une femme montée sur un cheval. De nombreuses vaches, les unes couchées, les autres debout, ruminent ou paissent au milieu des hautes herbes.

Les nuages se divisent comme après la pluie, et le soleil, avant de disparaître à l'horizon, éclaire tout le ciel de rayons dorés.

*Gravé par Toussaint.*

Haut., 9o cent.; larg., 1 m. 12

# ROUSSEAU

THÉODORE

18 — *La Plaine de Barbizon.*

Dessin.


# ROUSSEAU

THÉODORE

19 — *Étude pour le tableau :* La Ferme.

Dessin.

# ROUSSEAU

(THÉODORE)

20 — *Un Pacage.*

Dessin rehaussé

# ROUSSEAU

(THÉODORE)

21 — *Village sous de grands arbres.*

Très beau dessin au crayon